Herman de Vries de Heekelingen

LES PROTOCOLES DES SAGES DE SION
CONSTITUENT-ILS UN FAUX

?

THE SAVOISIEN & BAGLIS

— 1ʳᵉ édition 1938 —
IMPRIMERIE A. ROCHAT-PACHE
Rue de l'Académie, 7
LAUSANNE - CITÉ

TRADUCTION DES ÉDITIONS « ETUDES ARYENNES »

2019
Droits de reproduction et de traduction réservés pour tous pays

DU MÊME AUTEUR

Genève, pépinière du calvinisme hollandais.
Tome I. — *Les étudiants des Pays--Bas à Genève au temps de Théodore de Bèze.* — Fragnières, Fribourg.
Tome II. — *Correspondance des élèves de Théodore de Bèze après leur départ de Genève.* — Martinus Nylioff, La Haye.
Correspondance de Bonaventura Vulcanius pendant son séjour à Cologne, Genève et Bâle (1573-1577). — Martinus Nyhoff, La Haye.
Carmina Armani (épuisé).
Le facisme et ses résultats (épuisé).
Trad. italienne. *Il fascismo e i suoi risultati* (épuisé).
Trad. hollandaise. *Het fascisme en zyn resultaten* (épuisé).
Die nationalistische Weltanschauung (épuisé).

Exegi monumentum ære perennius
Un Serviteur Inutile, parmi les autres

28 février 2019

Traduction
GEORG BALMAN

Scan, ORC, correction, mise en page
BAGLIS

Pour la Librairie Excommuniée Numérique des CUrieux de Lire les USuels
Toutes les recensions numériques de BAGLIS *sont gratuites*

Les Protocoles des Sages de Sion constituent-ils un faux ?

Dès sa naissance, le christianisme a trouvé devant lui la force des ténèbres. Dans le cours des âges, on rencontre partout cette force organisée de l'Anti-Eglise. On la voit à l'œuvre lorsqu'elle pousse les païens de l'empire romain à tuer les chrétiens ; on la voit faire des efforts désespérée pour détruire le christianisme par lui-même en suscitant le gnosticisme, l'arianisme, le manichéisme et tant d'autres sectes. Même pendant le moyen âge, alors que la vie politique et sociale était profondément chrétienne, on la voit manœuvrer. James Darmesteter, un savant juif, nous apprend que, même à, cette époque, le Juif était :

> « *le docteur de l'incrédule... Il était à l'œuvre dans l'immense atelier de blasphème du grand empereur Frédéric et des princes de Souabe et d'Aragon. C'est lui qui forge tout cet arsenal meurtrier de raisonnement et d'ironie qu'il léguera aux sceptiques de la Renaissance, aux libertins du grand siècle ; et tel sarcasme de Voltaire n'est que le dernier et retentissant écho d'un mot murmuré, six siècles auparavant, dans l'ombre du ghetto, et plus tôt encore, du temps de Celse et d'Origène, au berceau même de la religion du Christ, dans les Contre-Evangiles du Ier et du IIme siècles*[1] ».

---
1). James Darmesteter. *Les prophètes d'Israël* (1931), p. 186-187.

Plus tard cette force occulte parle du libre examen, elle travaille à la démoralisation, à la déchristianisation des individus et des Etats, elle suscite des révolutions, elle s'identifie au marxisme et au bolchevisme. Elle est en train de nous ravir notre liberté, nos moyens d'existence, notre santé morale.

Eh bien, croyez-vous que cette lutte qui dure depuis deux mille ans, que cette force qu'on croyait à certaines époques anéantie et qui remonte toujours à la surface, croyez-vous, que tout cela soit l'œuvre d'individus isolés ? N'est-il pas plus logique de croire à une organisation secrète, de se rappeler que toute notre existence n'est qu'une phase de la lutte gigantesque entre Dieu et le Prince des Ténèbres ?

L'histoire nous prouve l'existence d'une organisation secrète qui se dérobe chaque fois qu'on croit la tenir. Devant chaque preuve, à chaque révélation, les intéressés n'ont qu'une seule réponse : faux, mensonge, invention...

Depuis quelques dizaines d'années, on range parmi ces faux les Protocoles des Sages de Sion. Nous examinerons brièvement les preuves qu'on apporte de cette prétendue falsification. Elles ont toutes une apparence de bien-fondé et de véracité, mais elles s'évanouissent aussi toutes, sans exception, quand on les regarde de près en usant d'un minimum de sens critique.

Le premier démenti des Juifs concerne l'origine des Protocoles. Ils disent que les soi-disant Protocoles ne sont pas du tout des procès-verbaux d'un congrès secret tenu à Bâle lors du premier congrès sioniste, en 1897. Les Juifs ont parfaitement raison. Les Protocoles n'ont rien à faire avec le congrès de Bâle. Mais, comment Nilus a-t-il pu l'affirmer ? Dans ses premières éditions des Protocoles en langue russe, il n'avait pas parlé de ce congrès. Il l'a mentionné pour la première fois dans l'introduction à la quatrième édition, parue en 1917. Il écrivait alors qu'il tenait d'un informateur juif que le texte publié par lui était le résumé d'un programme soumis au congrès de Bâle.

Les traducteurs copiaient l'information de source juive et Théodore Fritsch publiait même les soi-disant Protocoles sous le titre de *Zionistische Protokolle*. Lorsque cette désignation était devenue courante, les Juifs opposèrent un premier démenti : Vous voyez bien qu'il s'agit d'une falsification. Le congrès de Bâle ne s'est jamais occupé de cette question.

Ce n'était pas mal trouvé, mais insuffisant, parce que les non-juifs faisaient de leur côté d'autres découvertes.

On découvrit que Nilus n'avait pas été le premier à publier le fameux programme. Il est actuellement établi que le journal russe *Znamja*, édité par Kruschewan, l'avait déjà publié dans les numéros du 28 août au 7 septembre 1903. Le fils de Nilus parle aussi d'une édition parue, un an plus tôt, dans le journal *Moskowskija Wiédomosti*. Les numéros de ce dernier journal, contenant les, protocoles, n'ont pas été retrouvés jusqu'à ce jour, mais l'édition dans le *Znamja* est prouvée (2). Et ceci fait s'écrouler un autre système de défense.

---

2). Karl Bergmeister. *Le plan juif de conspiration mondiale* (1937), page 5.

A un moment où l'on croyait que la première édition datait de 1905, les Juifs ont évoqué deux témoignages établissant qu'une princesse avait vu le manuscrit à Paris en 1905, lorsque le conseiller d'Etat Pierre Ratschkowsky, aidé par Matthieu Galowinsky, agent secret russe, était occupé à sa rédaction. Le document aurait donc été fabriqué par la police secrète russe pour exercer une pression sur l'empereur. Or, par le fait de la découverte d'une publication en 1903, cette nouvelle preuve d'une falsification s'évanouit lamentablement. Mais il vaut quand même la peine de l'étudier de plus près pour se rendre compte avec quel soin tout avait été combiné.

On avait évoqué le témoignage d'une princesse. Malgré les ravages faits par une démocratie envieuse, le peuple a encore conservé une espèce de respect pour une princesse. Le témoignage d'une princesse fait plus d'impression sur le peuple que celui d'une madame Dupont ou Durand, si honorables que puissent être ces dernières. Et lorsque la princesse porte un des meilleurs noms de l'armorial russe-polonais, lorsqu'elle s'appelle la princesse Radziwill, son témoignage a une tout autre importance que si elle s'appelait, par exemple, madame Kolb, ou madame Danvin. Or, la princesse Catherine Radziwill s'appelait en réalité madame Danvin, après avoir été madame Kolb. Très jeune elle avait épousé un prince Radziwill, mais elle divorça en 1906 et épousa en 1914 l'ingénieur Charles Emile Kolb, dont elle divorça également pour se remarier avec un monsieur Danvin. Elle s'appelait donc Madame Danvin lorsqu'elle fit, en 1921, ses révélations, mais il était bien plus intéressant de les faire paraître sous le nom de princesse Radziwill.

Pour compléter le portrait, il faut encore ajouter qu'elle avait été condamnée, en 1901, pour émission de plusieurs traites portant la signature falsifiée de Cecil Rhodes. La princesse fut condamnée à 18 mois de prison. Dans leurs mémoires, les secrétaires de Cecil Rhodes ont donné d'amples détails sur cette affaire(3). En 1921, elle fut incarcérée à New-York pour grivèlerie commise au préjudice de l'Embassy Hôtel et de l'Hôtel Shelbourne(4). C'était précisément l'époque de ses révélations. Le témoin n'était donc pas d'une honorabilité et d'une crédibilité à toute épreuve. Mais, se parant du titre de princesse, elle pouvait convenir aux Juifs. Elle disait donc, en février 1921, que Galowinsky lui avait montré, pendant l'hiver 1904-1905, en présence d'une amie portant le nom de Hurblut, le manuscrit des Protocoles et qu'elle se souvenait très bien que la première page portait une grande tache d'encre.

Puis, un second témoin fit son apparition. Cette fois-ci il s'agissait du comte du Chayla qui publiait, comme par hasard, trois mois plus tard, ses mémoires sur Nilus et les Protocoles. C'était également un témoin de choix, agent bolchevique, condamné à mort par le gouvernement du général Wrangel, mais libéré sur les instances de la France, d'après le juge d'instruction, le Conseiller d'Etat Grégoire Girtschitsch(5). Il serait fastidieux d'entrer dans tous les détails. Notons seulement que du Chayla prétendit que Nilus lui avait montré le manuscrit en 1909. Sa description était exactement la même que celle faite par Madame Danvin alias

---

3). Stephan Vasz. *Das Berner Fehlurteil* (1935), p. 12.
4). Mrs Fry. *Waters flowing Eastward* (1934), p. 107.
5). Bergmeister, *op. cit.*, p. 10.

Radziwill ; il parlait aussi de la tache d'encre qui l'avait frappé.

Les Juifs du monde entier jubilaient : Voilà la preuve de la falsification : Confection du manuscrit prouvée, en 1905, par la princesse ; emploi du manuscrit par Nilus, prouvé en 1909 par le comte. — Hélas ! tout tomba, lorsqu'on sut que les Protocoles avaient déjà été publiés en 1903.

Ce n'était d'ailleurs pas tout. On peut actuellement admettre, avec une sûreté presque absolue, que le Maréchal de la noblesse Alexis Nicolajewitch Suchotin possédait déjà en 1895 une traduction des Protocoles. Ce fait est confirmé par une déclaration du fils de Nilus et par une attestation d'une proche parente de Suchotin, veuve d'un amiral russe, habitant la Yougoslavie. Suchotin avait montré le manuscrit à quelques amis, parmi lesquels Philippe Petrowitch Stepanoff, ancien procureur du Synode de Moscou. Celui-ci a également attesté qu'il avait vu le document en 1895 et qu'il avait fait imprimer, en 1897, une édition privée sans mention d'imprimeur, de date ou de ville. Son attestation a été légalisée par le prince Dimitri Galitzin, président des émigrés russes à Stari Fontan. La photographie du document avec la légalisation a été publiée par Mrs Fry dans *Waters flowing Eastward*. Il serait intéressant de découvrir d'autres parents de Suchotin, pour recueillir aussi leur témoignage.

Mais revenons aux Protocoles. Il est encore à noter une particularité à laquelle ou n'a pas attribué assez d'importance, à mon avis. En 1906, un autre Russe, Georges Butmi, publia également les Protocoles. Or, cette édition, conforme à celle de

Nilus quant à son contenu, différait sensiblement dans sa forme. Il est donc probable que les deux Russes ont publié le même document d'après des copies différentes ; ce qui semblerait prouver l'existence de plusieurs documents de ce genre. Nous y reviendrons lorsque nous examinerons les précurseurs des Protocoles.

Mais, comme on ne prend jamais les Juifs au dépourvu, ils profitèrent du fait que toutes les éditions russes étaient inconnues du public européen, pour prétendre, lors du lancement de la première édition allemande, que le traducteur allemand avait tout inventé et qu'un livre russe contenant le texte des Protocoles n'existait point. Le traducteur, Gottfried zur Beek (pseudonyme de Muller von Hausen) répondit qu'un exemplaire de l'édition russe se trouvait au British Museum à Londres et qu'il portait la cote 3926 d. 17. Les Juifs reproduisirent alors une déclaration du British Museum établissant que le livre indiqué n'était pas enregistré sous la cote 3296 d. 17. Le lecteur inattentif croyait encore une fois tenir la preuve des mensonges antisémites. En regardant de près on constate que zur Beek avait dit que le livre portait la cote 3926, tandis qu'on avait demandé au British Museum si le livre avait été enregistré sous la cote 3296(6). En intervertissant deux chiffres, le tour était joué.

Emploie-t-on, je vous le demande, de tels moyens quand on défend une juste cause ? Mais il y a mieux encore. Les Juifs jugeaient enfin le moment venu pour intenter un procès dont ils espéraient monts et merveilles. On pourrait se demander

---

6). Ulrich Fleischhauer. *Die echten Protokolle* (1935), p. 33.

pourquoi ils avaient attendu aussi longtemps pour attaquer les Protocoles par la voie de la Justice. Les Protocoles se vendent par centaines de mille exemplaires dans tous les pays du monde. Pourquoi choisir précisément la justice d'un petit canton de la Confédération suisse, au lieu de porter plainte devant un tribunal de Londres ou de Paris ? Pourquoi ne pas se limiter aux Protocoles, mais englober d'autres publications dans leur plainte ?

Un juriste qui a assisté aux deux procès a publié, dans la revue *Hammer* de décembre 1937, des renseignements qui laissent rêveur, et d'après lesquels le juge n'était pas financièrement indépendant d'un Juif au moment du procès. Ce renseignement très grave n'a, à ma connaissance, reçu aucun démenti. La *Neue Berner Zeitung* du 29 octobre 1937 formulait encore un autre grief, non moins sérieux, contre le juge qui fut obligé par ses supérieurs d'intenter un procès au journal, procès qui n'est pas encore jugé.

Quoi qu'il en soit, on a l'impression pénible que le juge n'était pas l'homme qualifié pour se prononcer dans une affaire aussi délicate. Serait-ce la raison qui avait amené les Juifs à faire leur procès à Berne ?

Enregistrons encore que, contrairement aux renseignements donnés par une grande partie de la presse, le tribunal en deuxième instance a constaté que, malgré les prescriptions de la loi, le procès-verbal de certaines dépositions avait été dressé par les sténographes privés des plaignants juifs :

> «*Das Verfahren, wie es in erster Instanz durchgeführt wurde war nicht gang das übliche und gesetzliche... Die Protokolführung*

[war] *mit zwingenden Gesetzesvorschriften (Art. 92 und 215 Str. V.) in Widerspruch».*

C'est clair et net, me semble-t-il. Notons encore que le procès-verbal n'avait pas été lu aux accusés et qu'ils ne l'avaient pas signé, comme la loi le prescrit. Notons aussi que les témoins à décharge n'avaient pas été convoqués, quo le premier juge avait accepté la production par les plaignants de photographies, provenant de Moscou, insuffisamment légalisées et de traductions défectueuses des documents russes.

Faut-il s'étonner que les accusés furent condamnés en première instance et que les Juifs exultèrent ? Enfin la preuve du faux était fournie !

Mais encore une fois il fallut déchanter. Le tribunal cantonal bernois de deuxième instance a cassé le jugement de la première instance. Il a blâmé ! l'expertise ordonnée sur l'authenticité des Protocoles comme étant inutile, parce quo leur authenticité ou leur inauthenticité n'intéressait un rien le tribunal. Plus encore, le tribunal a sévèrement critiqué le choix des experts, mais surtout celui du troisième :

> *«Dies hätte, abgesehen von den unter solchen Umstdüden völlig unnotigen Kosten der beiden anderen Gutachten, noch keinen Nachteil mit sich gebracht, wenn die Wahl* [du troisième expert] *auf eine vollständig unbefangene, unvorgeingenommene Persönlichkeit gefallen wäre. C. A. Loosli hatte aber schon im Jahre 1927 eine Schrift "Die schlimmen Juden" herausgegeben in der er die Protokolle als "rücksichtslos niederträchtig*

gefälscht" bezeichnete und in polemisierendem keineswegs wissenschaftichem Tone weiter über diese Fälschung schimpfte. Damit war die Richtung in der sich sein Gutachten bewegen würde, weitgehend zum Voraus bestimmbar, sodass auch er das erforderliche allseitige Vertrauen nicht genoss».

Et le tribunal de conclure : Une pareille nomination d'expert n'est pas exemplaire.

«*Diese Expertenbestellung ist nicht mustergültig*»

Il suffit de rappeler un seul fait pour illustrer cette critique de l'expert Loosli. Je vous ai démontré tout à l'heure que la déclaration Radziwill est sans valeur, puisque l'on a pu prouver que les Protocoles avaient déjà été publiés en 1903. L'expert Loosli voulut quand même faire état de cette déclaration dans son expertise d'octobre 1934. Pour se tirer d'embarras, il changea tout simplement la date de 1905 de la déclaration Radziwill en 1895 (7).

L'issue du deuxième procès n'était pas douteuse. Les accusés furent acquittés et l'un d'eux eut à payer 100 fr. de frais sur un total d'environ 28.000 fr. Mais, et voici encore un fait intéressant à noter, toute la presse juive s'est bien gardée de publier que cette condamnation infime, n'avait rien, mais absolument rien à faire avec les Protocoles. Vous vous souviendrez que j'ai rappelé, au commencement de cet exposé, que les Juifs avaient englobé d'autres publications dans leur plainte. Or, la condamnation au payement de 100 fr. de frais se référait à un article de M. Théodore Fischer : *Schweizermädchen, hüte dich vor schändenden Juden.*

7). Bergmeister, *op. cit.*, p. 9.

On ne pouvait imaginer une issue plus désastreuse pour les Juifs. D'autant plus que le tribunal bernois avait encore rappelé un jugement du tribunal fédéral où il est dit que la loi n'interdit pas «et ne saurait interdire aux journalistes d'émettre sur la question juive, des opinions mêmes très hardies, quelque pénibles qu'elles puissent être pour les Israélites».

Mais les Juifs sont déjà en train d'accréditer leur propre version du procès. Le *Jewish Daily Post* du 28 avril 1935 avait écrit que le premier procès avait démontré «à quoi on peut arriver avec une bonne organisation juive». Cette bonne organisation ne devait pas faire défaut après le désastre du deuxième procès. Je ne vous citerai que deux exemples.

La *Jewish Chronicle* du 5 novembre 1937 écrit que la Cour d'appel avait déclaré les Protocoles une falsification et une littérature sans valeur *(a forgery and must be regarded as trashy literature)*. La même revue affirmait aussi que la Cour avait déclaré leur falsification prouvée *(the falsity of the Protocols having been proved)*. Or, le tribunal a dit que l'authenticité des Protocoles n'avait pas été prouvée. Ce qui ne veut pas dire que leur falsification a été prouvée. Le tribunal ajoutait d'ailleurs que la première instance n'aurait pas dû s'occuper de cette question.

«*Die Anordnung und Durchfürung einer Expertise* [war] *überhaupt überflüssig*».

L'affirmation de la *Jewish Chronicle* ne peut être qualifiée autrement que contraire à la vérité.

La *Revue juive de Genève* dans son numéro de novembre 1937 et le *Journal des Nations*, grand ami de tout ce qui est juif, bolcheviste ou socialiste, dans son numéro du 3 novembre 1937, étaient plus près de l'exactitude et ne pêchaient que par omission. Ils écrivaient en effet que « la preuve de l'authenticité des Protocoles n'avait pas été fournie », mais ils omirent de dire que le tribunal de première instance avait été blâmé de s'être occupé de la question de l'authenticité, question qui n'était pas de son ressort.

En effet, un précepte de critique historique, universellement admis, veut que lors de la découverte d'un document quelconque, ce document soit considéré comme authentique aussi longtemps qu'on n'a pas prouvé son inauthenticité ou sa falsification. Aussi longtemps qu'il existe une critique historique, il en a été ainsi. En annonçant que la preuve de l'authenticité n'a pas été fournie, on renversa les rôles. C'est aux Juifs de prouver que les Protocoles constituent un faux. Or, tous les essais de fournir cette preuve ont lamentablement échoué. Bien plus, il est prouvé que le gouvernement provisoire du prince Lwow, franc-maçon, a fait remettre au Juif Winawer tous les documents relatifs aux Protocoles se trouvant au Ministère de l'Intérieur et à la Préfecture de Police. Si parmi ces documents une preuve, ou même un semblant de preuve de l'inauthenticité des Protocoles avait été trouvé, les Juifs se seraient empressés de le publier.

Je ne vous fatiguerai pas avec d'autres travestissements et subtilités du genre de ceux que je vous ai exposés.

Le malheur est que des écrivains de parfaite bonne foi, puisent leurs renseignements à ces sources troubles. Ils commettent alors la faute de ne pas user de la critique sévère qu'on doit appliquer lorsqu'il s'agit d'une question qui a déchaîné tant de passions ; ils négligent d'avoir recours aux documents officiels et contribuent ainsi à faire accréditer la version falsifiée des Juifs. Ils croient être charitables en défendant de pauvres victimes et ils travaillent en réalité à la victoire juive.

C'est ainsi qu'un religieux belge a écrit dernièrement que l'arrêt de la Cour suprême cantonale a confirmé l'appréciation du juge de première instance sur l'inauthenticité des Protocoles. Le même auteur affirme que la Cour aurait déclaré les Protocoles « un écrit de mauvaise foi, un faux haineux et empoisonné[8] ». Le Père se trompe, ce n'était pas le tribunal, mais l'avocat des Juifs qui avait prétendu que les Protocoles sont le plus ignoble produit de presse édité en Suisse. J'ai lu attentivement les 53 pages *in-folio* du jugement et je puis ; affirmer que nulle part le tribunal n'a déclaré que les Protocoles sont « un écrit de mauvaise foi, un faux haineux et empoisonné ». Cette affirmation est absolument contraire à la réalité.

Certes, le tribunal a employé quelques qualifications très sévères, comme « *kopflose Judenhetze* », « *Besudelung der Judenschaft* », mais ceci se référait à l'article *Schweizermädchen hüte dich vor schändenden Juden*, article qui n'a aucun rapport avec les Protocoles et que les Juifs avaient très habilement mêlé à la plainte.

Le tribunal a déclaré que les Protocoles sont « *Schundliteratur im ästhetischen, literarischen… Sinne* ». Sur cette qualification des Protocoles nous

---

8). Le P. Pierre Charles S. J. dans la *Nouvelle Revue théologique* de janvier 1938, p. 57.

sommes entièrement d'accord. Reste à établir qui est l'auteur de cette *Schundliteratur*, et sur ce point le tribunal s'est déclaré incompétent.

Continuons maintenant l'examen des objections formulées par les Juifs. Celles que nous avons mentionnées jusqu'ici se sont montrées sans valeur. Examinons donc celles qui visent spécialement le contenu des Protocoles.

On dit qu'ils ont été copiés sur un livre de Maurice Joly, *Dialogues aux enfers entre Machiavel et Montésquieu*. En effet, beaucoup de passages ont été copiés presque mot à mot. Les Juifs en concluent qu'il est donc bien prouvé que les Protocoles sont un faux, combiné par un antisémite en se servant de l'œuvre de Joly. Et beaucoup de personnes se sont laissé égarer par ce raisonnement, sans se rendre compte qu'il est trompeur et mal fondé.

Dernièrement, un hebdomadaire a copié plusieurs passages de mon *Israël, son passé, son avenir*. La substance presque entière de deux articles était un plagiat. Un auteur autour duquel on a fait beaucoup de bruit ces derniers temps, a copié plusieurs de mes citations sans se référer la source où il les avait puisées. Est-ce que cela prouve que ces auteurs étaient des adversaires ? Bien au contraire, ils partageaient mes idées, mais jugeaient plus commode de se servir de mes citations et de me copier que de faire des recherches ou de rédiger eux-mêmes leurs phrases.

Pour les Protocoles il en est de même. L'auteur était un plagiaire, mais rien, absolument rien, ne prouve qu'il était un non-juif.

On prétend que Joly, n'étant pas Juif, ne pouvait être au courant du programme des « Princes de l'Exil ». C'est encore une affirmation gratuite. Maurice Joly était un ami intime d'Isaac Adolphe Crémieux, le fameux créateur de l'*Alliance israélite universelle*, l'homme qui intervenait partout où les intérêts juifs étaient en jeu, l'homme qui se rendit en Turquie pour faire libérer les Juifs convaincus du meurtre rituel du P. Thomas, l'homme qui intervint pour obliger la Suisse à accorder les droits civiques aux Juifs, l'homme qui a accordé lui-même les droits civiques aux Juifs d'Algérie.

Crémieux était grand-commandeur de l'ordre maçonnique de Misraïm(9). Le but de toutes ses intrigues était la fondation d'une république mondiale maçonnique, dans laquelle les Juifs auraient occupé les premières places. Il est très probable que Crémieux ait fourni à Joly les éléments pour son livre contre Napoléon III, dont il était lui-même un ennemi déclaré, et qu'il se soit servi des plans de bouleversement qui circulaient depuis longtemps parmi les « Princes de l'Exil », aussi appelés les « Sages de Sion ». Quoi qu'il en soit, l'affirmation que Joly ne pouvait pas connaître ces plans, parce qu'il n'était pas Juif, est sans valeur.

On aurait pu, à la rigueur, invoquer la possibilité d'un doute quant à l'origine des Protocoles, si le livre de Joly en était le seul précurseur. Malheureusement pour les Juifs, il n'en est rien.

---

9). E. von Engelhardt. *Jüdische Weltmachtpläne* (1936), p. 24-25.

Le 13 mars 1901, le député jeune tchèque Bresnowsky demanda au ministre de la justice pourquoi on avait saisi une brochure intitulée : *Ein Rabbiner über die Goïm*. Cette brochure reproduisait un discours tenu à Prague vers 1860 par le rabbin Reichhorn sur la tombe d'un rabbi miraculeux, Simon ben Jehuda. Le texte du discours contient les mêmes idées que celles qui ont été publiées dans les Protocoles. La date d'environ 1860 n'est pas prouvée, mais il est intéressant de constater qu'en 1901, donc quatre ans avant la publication de Nilus et avant le moment où la fameuse princesse aurait vu le manuscrit en train d'exécution, ces mêmes idées avaient déjà été publiées en Autriche.

Voici maintenant un autre précurseur. En 1868, parut le roman *Biarritz* dont l'auteur s'intitulait Sir John Retcliffe ; son vrai nom était Hermann Goedsche. Ce roman contenait un chapitre, *Au cimetière de Prague*, où était reproduit le discours d'un rabbin, offrant beaucoup d'analogies avec le discours du rabbin Reichhorn. Goedsche avait donc, en 1868, presque quarante ans avant la publication des Protocoles, divulgué exactement les mêmes idées.

Citons encore un roman d'Alexandre Dumas père, *Joseph Balsamo, mémoires d'un médecin*. Ce roman, paru en 1845, contient dans son prologue toute la substance des Protocoles. Les relations intimes de Dumas avec des Juifs et des Juives, ainsi que la collaboration de trois Juifs à ses travaux, sont suffisamment connues pour admettre que, lui aussi, aurait pu être au courant d'un plan révolutionnaire juif qu'il aurait transformé en scène burlesque d'ordre maçonnique.

Tout récemment, M. René Guénon a publié dans les *Études traditionnelles* de janvier 1938, la découverte d'une autre « source », *Le Baron Jéhovah*, par Sidney Vigneaux, publié à Paris en 1886. Je n'ai pas encore pu me procurer un exemplaire de ce roman et je cite d'après M. Guénon. Il se trouve dans le roman *Le Baron Jéhovah* un soi-disant *Testament d'Ybarzabal* qui présente des similitudes tout à fait frappantes avec les Protocoles, mais avec cette particularité remarquable que les Juifs y apparaissent seulement comme l'instrument d'exécution d'un plan qui n'a été ni conçu, ni voulu par eux. On a noté encore des traits de ressemblance avec l'introduction de *Joseph Balsamo* d'Alexandre Dumas, bien qu'ici, comme nous l'avons dit, il ne soit plus question de Juifs, mais d'une assemblée maçonnique imaginaire.

Il n'est pas douteux que tous ces écrits, sous leur forme plus ou moins romancée, tirent leur inspiration générale de plans ou de projets dont les auteurs respectifs ont eu connaissance.

En résumé, les mêmes lignes directrices ont été publiées sous des formes différentes en 1845, 1864, 1868, 1886, 1897, 1900, 1901 et 1903, toutes avant la publication des Protocoles par Nilus, et l'on voudrait nous faire croire que ceux-ci auraient été fabriqués à Paris en 1905 !

Une autre objection concernant leur contenu a été formulée dernièrement par le P. Charles.

> *« Ils fourmillent de contradictions, écrit cet auteur, ils supposent perpétuellement les plus gros problèmes résolus... Les moyens*

qu'ils proposent sont d'une ineptie tout à fait rassurante... [Ils sont] admirables de stupidité. »

Le P. Charles note également :

« l'incohérence de l'ensemble... Ils se montrent absurdes, contradictoires, enfantins ; cet enfantillage n'est rehaussé que par quelques déclarations d'un cynisme provoquant. Le reste est inepte... Leurs auteurs mêlent ci de formidables naïvetés à des prétentions impudentes... Partout des contradictions flagrantes (10).... »

Si tout cela prouve quelque chose, ce serait précisément l'origine juive des Protocoles. Un faussaire aurait évité ces contradictions, bien plus, un esprit aryen est incapable d'une telle incohérence. Si l'on compare, par contre, ces absurdités et ces contradictions avec le Talmud, on retrouve exactement le même esprit. Chaque fois que je prends en mains un de ses douze volumes, je suis frappé par l'absurdité, par l'enfantillage, par la méchanceté et le cynisme de plusieurs passages.

Vous me croyez peut-être partial. Voici donc ce qu'un Juif, Alexandre Weill, écrit dans les *Archives israélites* (11), sur l'esprit qui règne dans le Talmud :

« *Tout y est sans ordre et sans logique, tout se mêle, se coudoie, se heurte, s'engrène, se superpose, se juxtapose, saute à pieds joints, revient, s'enchevêtre, s'emmêle, s'empêtre et se dépêtre ; on dirait un éternel tourbillon d'esprit et de folie, de raison et de déraison, de perspicacité et d'ingénuité ; les subtilités y donnent la main*

---

10). Le P. Charles, *loc. cit.*, p. 61-67.
11). 1863, p. 422-424.

> *aux inepties, la plus vaste sapience s'y étale à côté de la plus crasse ignorance... Toutes les preuves talmudiques reposent sur des arguties...Le rabbiniste, surenchérissant sur le talmudiste, est dans un délire permanent.* »

Eh bien, c'est exactement ce que le Père Charles reproche aux Protocoles : inepties, absurdités, contradictions, absence d'ordre et de logique. Et le P. Charles : voudrait faire admettre que tout cela est une preuve de l'inauthenticité des Protocoles ! Une comparaison avec le Talmud nous montre précisément le contraire.

Prenons un exemple. Le Talmud pose la question suivante : Un homme tombe d'un toit, il tombe exactement sur une femme couchée sur le dos, il en éprouve une telle tentation qu'il abuse de la femme. Doit-il lui payer une indemnité, oui ou non (12) ?

D'après le raisonnement du P. Charles, cela doit être un faux parce que c'est absurde, inepte, stupide, enfantin. Et pourtant c'est le Talmud.

Un autre exemple. Le Talmud dit qu'un marchand ne doit pas distribuer des friandises aux enfants pour les attirer chez lui, mais, ajoute le Talmud, les docteurs de la loi le permettent. Puis, textuellement, « on ne doit pas avilir les prix ; les docteurs disent que cela peut être expliqué en bien (13) ». Et le Talmud est plein de contradictions de ce genre. Les contradictions des Protocoles prouvent donc bien plus le travail d'un esprit talmudique que le contraire.

---

12). *Baba kamma* 27 a.
13). *Baba mezia* 60 a.

Une autre objection du même auteur. Pour démontrer que les Protocoles sont l'œuvre d'un falsificateur, il cite entre autres le passage suivant :

> « D'ici là des chemins de fer métropolitains et des passages souterrains seront construits dans toutes les villes. De ces lieux souterrains, nous ferons sauter toutes les cités du monde, avec leurs institutions et leurs documents ».

Croyez-vous sérieusement, je vous le demande, qu'un falsificateur cultivé, habitant Paris, aurait écrit une telle énormité ? Non. Cela sent le rabbin qui n'a jamais vu autre chose que son ghetto de Pologne, de Russie ou de Galicie. Il a entendu parler des trains fabuleux qui roulent sous terre, son imagination a travaillé là-dessus, et il s'est imaginé qu'on pourrait faire sauter les villes en se servant de ces boyaux souterrains. Puisque le P. Charles nous a conduit sur le terrain des suppositions, avouez que la mienne a plus de vraisemblance que la sienne.

Les Protocoles contiennent en réalité un projet de réalisation du rêve messianique. Des projets de ce genre ont circulé de tout temps dans la juiverie. Et, fait curieux de la part de gens aussi réalistes et aussi avertis que les Juifs, dans ce domaine ils ont toujours cru les plus grandes absurdités.

Au Vme siècle, un certain Moïse de Crète suggère à ses disciples que les eaux se partageraient en deux, si, hardiment, ils se jetaient à la mer. Ses disciples se noyèrent.

Au XIIme siècle, David Alroy avait un grand nombre de disciples. Un jour que le « Messie » se trouvait en Perse, deux larrons se présentèrent aux Juifs de Bagdad : Le Messie vous fait dire que, pour être digne d'entrer en Terre Sainte, il faut nous confier vos biens, puis il faut vous habiller de vert et monter sur le toit. Dans la nuit un vent se lèvera et vous transportera en Palestine... Le lendemain les Juifs étaient toujours habillés de vert, mais complètement désargentés (14).

Dès que le rêve messianique entre en jeu, le Juif se donne corps et âme. Ce rêve comporte comme premier stade de sa réalisation la destruction de tout ce qui existe, pour construire sur les ruines l'Etat parfait. Je ne veux pas prétendre que tous les Juifs comprennent ce qui se passe ou qu'ils se forment une idée précise des buts poursuivis par leurs chefs. La plupart d'entre eux ignore même l'existence de ces chefs, mais ils marchent. Et cela suffit.

De tout temps l'Anti-Eglise a été d'essence ésotérique. De ces milieux d'initiés sortent les directives. Elles circulent parmi ceux qui en sont dignes. De temps à autre un document s'égare entre des mains auxquelles il n'était pas destiné. C'est ce qui est arrivé pour les Protocoles. Ils contiennent le plan et la tactique à suivre pour arriver à la destruction du monde actuel. A travers ses absurdités, on retrouve aussi très facilement le caractère transitoire de cette période de destruction et celle de l'établissement définitif du règne supranational d'Israël (15).

Nous avons prouvé que tous les efforts faits pour démontrer l'inauthenticité des Protocoles se

---

14). S. Dubnow. *Weltgesehiehte des juidischen Volkes*, t. IV., pages 444-445.
15). Voir à ce sujet un très intéressant article d'Arthos dans la

sont effondrés pitoyablement devant les réalités. A ces faits qu'on ne peut nier, s'ajoute encore un raisonnement. Si, vraiment, les Protocoles étaient l'œuvre d'un non-juif, celui-ci aurait été un prophète remarquable. Tout lecteur attentif est frappé de la façon dont certains projets ont déjà été réalisés de nos jours. Cela ne peut être un hasard, mais cela prouve tout simplement qu'un noyau d'initiés sait exactement où il veut arriver.

Autrefois les Juifs se faisaient petits, tout petits. Maintenant que leur force s'est accrue, ils ne travaillent plus ni patiemment, ni silencieusement. A l'heure actuelle le Juif est pressé, il veut franchir, et franchir rapidement, la dernière étape. Il n'est plus le quémandeur obséquieux, il relève la tête et réclame impérativement. Mais il n'emploie pas toujours la manière forte, il sait aussi se faire insinuant. Il nous parle d'une origine commune de nos religions, d'une civilisation judéo-chrétienne. Et il est lamentable de voir des personnes bien intentionnées, tomber, par une charité mal comprise et mal appliquée, dans le panneau que les Juifs leur tendent.

Un petit cénacle patronne, par exemple, un journaliste philosémite dont le bagage scientifique est d'une pauvreté navrante et qui connaît si peu la question juive qu'il doit avoir recours à l'aide des rabbins quand on l'attaque. Plusieurs membres de ce petit cénacle se meuvent dans les nuées. Au lieu de regarder attentivement ce qui se passe autour d'eux, ils ne descendent pas des sommets philosophiques ou littéraires où ils se complaisent. Au lieu de se souvenir de la haine invétérée que le judaïsme a

---

Vita italiana de novembre 1937, p. 535-544.

toujours vouée au christianisme, ils viennent en aide aux Juifs en s'imaginant faire une bonne action. Ils bercent le peuple d'une fausse sécurité et lui font croire qu'an est un excellent chrétien lorsqu'on ne barre pas la route aux Juifs, qui, selon eux, ne demanderaient pas mieux que de travailler avec nous, la main dans la main, à l'amélioration de nos rapports. Les Maritain et les Mauriac peuvent être des lumières dans leurs domaines respectifs, ils font une œuvre néfaste lorsqu'ils s'occupent de la question juive, et le pauvre monsieur de Férenzy n'est, en somme, qu'un haut-parleur qui diffuse la parole rabbinique.

Peut-on vraiment admettre qu'après deux mille ans d'efforts, les Juifs changeraient tout d'un coup d'idées, à un moment où ils se sentent, enfin, tout près du but ? Non, ce but restera toujours le même. Détruire le christianisme par les chrétiens eux-mêmes, pour obtenir ainsi le pouvoir suprême, pour régner, enfin, sur les non-juifs, qui, d'après le rabbin Isidore Loeb, « marcheront derrière le peuple juif dans les chaînes comme des captifs et se prosterneront devant lui[16] » évidemment, après avoir été dépouillés au préalable.

A nous de ne pas nous laisser influencer par d'excellentes personnes, aveugles aux réalités, et qui se laissent mener par les Juifs, les premiers réalistes du monde. A nous de nous défendre pendant qu'il en est encore temps.

H. DE VRIES DE HEEKELINGEN.

---

16). Isidore Loeb. *La littérature des pauvres dans la Bible* (1892), p. 218-219.

ANNEXE

René Guénon — Etudes Traditionnelles, janvier 1938, compte rendu de : *I Protocolli dei Savi Anziani di Sion,* paru dans La *Vita Italiana,* Roma

La traduction italienne des fameux Protocoles des Sages de Sion, publiée en 1921, par le Dr Giovanni Preziosi, directeur de la *Vita Italiana,* vient d'être rééditée avec une introduction de M. J. Evola, qui essaie de mettre un peu d'ordre dans les interminables discussions auxquelles ce *texte* a donné et donne encore lieu, en distinguant deux questions différentes et qui ne sont pas nécessairement solidaires, celle de l'« authenticité » et celle de la « véridicité », dont la seconde serait, selon lui, la plus importante en réalité. L'authenticité n'est guère soutenable, pour de multiples raisons que nous n'examinerons pas ici ; à cet égard, nous appellerons seulement l'attention sur un point qu'on paraît ne pas prendre suffisamment en considération, et qui pourtant est peut-être le plus décisif : c'est qu'une organisation vraiment et sérieusement secrète, quelle qu'en soit d'ailleurs la nature, ne laisse jamais derrière elle de documents écrits. D'autre part, on a indiqué les « sources » auxquelles de nombreux passages des Protocoles ont été empruntés à peu près textuellement : *le Dialogue aux enfers entre Machiavel et Montesquieu,* de Maurice Joly, pamphlet dirigé contre Napoléon III et publié à Bruxelles, en 1865, et le discours attribué à un rabbin de Prague dans le roman *Biarritz,* publié en 1868, par l'écrivain allemand Hermann Goedsche sous le pseudonyme de sir John Retcliffe. Il y a encore une autre « source » qui, à notre connaissance, n'a jamais été signalée : c'est un roman intitulé : *Le Baron Jéhova,* par Sidney Vigneaux, publié à Paris en 1886, et dédié, ce qui est assez curieux, « au très gentilhomme A. de Gobineau, auteur de l'*Essai sur l'inégalité des races humaines,* entré au Walhalla le 13 octobre 1882 ». Il est à noter aussi que, d'après une indication donnée dans les *Mémoires d'une aliénée,* de Mlle Hersilie Rouy, oubliés par E. Le Normant des Varannes (Paris, 1886, pp. 308-309), Sidney Vigneaux était, ainsi que ce dernier, un ami du Dr Henri Favre, dont nous avons parlé plus haut ; il s'agit là d'une étrange histoire où apparaît également le nom de Jules Favre, qu'on retrouve d'ailleurs mêlé à tant de choses du même genre qu'il est difficile de n'y voir qu'une simple coïncidence... Il se trouve dans *Le Baron Jéhova* (pp. 59 à 87) un soi-disant *« Testament d'Ybarzabal »* qui présente des similitudes tout à fait frappantes avec les Protocoles, mais avec cette particularité remarquable que les Juifs y apparaissent seulement comme l'instrument d'exécution d'un plan qui n'a été ni conçu, ni voulu par eux. On a noté encore des traits de ressemblance avec l'introduction du *Joseph Balsamo*, d'Alexandre Dumas, bien qu'ici il ne soit aucunement question des Juifs, mais d'une assemblée maçonnique imaginaire ; nous ajouterons que cette assemblée n'est pas sans rapport avec le « Parlement » pseudo-rosicrucien décrit, à peu près exactement à la même date, par l'écrivain américain George Lippard dans *Paul Ardenheim, the monk of the Wissahickon*, dont cette partie a été reproduite par le Dr Swinburn Clymer dans *The Rosicrucian Fraternity in America*.

Il n'est pas douteux que tous ces écrits, sous leur forme plus ou moins « romancée », tirent en somme leur inspiration générale d'un même « courant » d'idées, que d'ailleurs leurs auteurs approuvent ou désapprouvent ces idées, et qu'en outre, suivant leurs tendances ou leurs préventions particulières, ils en attribuent à tort et à travers l'origine aux Juifs, aux Maçons ou à d'autres encore ; l'essentiel dans tout cela, en définitive, et ce qui, peut-on dire, en constitue l'élément de « véridicité », c'est l'affirmation que toute l'orientation du monde moderne répond à un « plan » établi et imposé par quelque organisation mystérieuse ; on sait ce que nous pensons nous-même à cet égard, et nous nous sommes déjà assez souvent expliqué sur le rôle de la « contre-initiation » et de ses agents conscients ou inconscients pour n'avoir pas besoin d'y insister davantage. A vrai dire, il n'était aucunement nécessaire d'être « prophète » pour s'apercevoir de ces choses à l'époque où les Protocoles furent rédigés, probablement en 1901, ni même à celle où remontent la plupart des autres ouvrages que nous venons de mentionner, c'est-à-dire vers le milieu du XIXème siècle ; alors déjà, bien qu'elles fussent moins apparentes qu'aujourd'hui, une observation quelque peu perspicace y suffisait ; mais ici nous devons faire une remarque qui n'est pas à l'honneur de l'intelligence de nos contemporains : si quelqu'un se contente d'exposer « honnêtement » ce qu'il constate et ce qui s'en déduit logiquement, personne n'y croit ou même n'y prête attention ; si, au contraire, il présente les mêmes choses comme émanant d'une organisation fantaisiste, cela prend aussitôt figure de « document » et, à ce titre, met tout le monde en mouvement : étrange effet des superstitions inculquées aux modernes par la trop fameuse « méthode historique » et qui font bien partie, elles aussi, des suggestions indispensables à l'accomplissement du « plan » en question ! Il est encore à remarquer que, d'après l'« affabulation » des Protocoles eux-mêmes, l'organisation qui invente et propage les idées modernes, pour en arriver à ses fins de domination mondiale, est parfaitement consciente de la fausseté de ces idées ; il est bien évident qu'en effet, il doit en être réellement ainsi, car elle ne sait que trop bien à quoi s'en tenir là-dessus ; mais alors il semble qu'une telle entreprise de mensonge ne puisse pas être, en elle-même, le véritable et unique but qu'elle se propose, et ceci nous amène à considérer un autre point qui, indiqué par M. Evola dans son introduction, a été repris et développé, dans le numéro de novembre de la *Vita Italiana*, dans un article signé « Arthos » et intitulé *transformazioni del « Regnum »*. En effet, il n'y a pas seulement, dans les Protocoles, l'exposé d'une « tactique » destinée à la destruction du monde traditionnel, ce qui en est l'aspect purement négatif et correspondant à la phase actuelle des événements ; il y a aussi l'idée du caractère simplement transitoire de cette phase, et celle de l'établissement ultérieur d'un *Regnum* supra-national, idée qui peut être regardée comme une déformation de celle du « Saint Empire » et des autres conceptions traditionnelles analogues qui, comme le rappelle l'auteur de l'article, ont été exposées par nous dans *Le Roi du Monde*. Pour expliquer ce fait, « Arthos » fait appel aux déviations, allant même jusqu'à une véritable « subversion », que peuvent subir certains éléments, authentiquement traditionnels à l'origine, qui se survivent en quelque sorte à eux-mêmes, lorsque l'« esprit » s'en est retiré ; et il cite, à l'appui de cette thèse, ce que nous avons dit récemment ici au sujet des « résidus psychiques » ; les considérations qu'on trouvera d'autre part, sur les phases successives de la déviation moderne et sur la constitution possible, comme dernier terme de celle-ci, d'une véritable « contre-tradition », dont le *Regnum* dénaturé serait précisément l'expression dans l'ordre social, pourront peut-être contribuer encore à élucider plus complètement ce côté de la question qui, même tout à fait en dehors du cas spécial des Protocoles, n'est certes pas dépourvu d'un certain intérêt.

EN VENTE CHEZ LE MÊME ÉDITEUR

Anonyme – *La huitième croisade*.
Gaston-Armand Amaudruz – *Le peuple russe et la défense de la race blanche*.
   "   "   " – *Nous autres racistes*.
Adrien Arcand – *Le communisme installé chez nous suivi de la révolte du matérialisme*.
   "   " – *Le christianisme a-t-il fait faillite ?*
Herbert Backe – *La fin du libéralisme*.
Itsvan Bakony – *Impérialisme, communisme et judaïsme*.
René Bergeron – *Le corps mystique de l'antéchrist*.
Karl Bergmeister – *Le plan juif de conspiration mondiale*.
Clotilde Bersone – *L'élue du Dragon*.
Jean Bertrand & Claude Wacogne – *La fausse éducation nationale*.
René Binet – *Contribution à une éthique raciste*.
Léon Bloy – *Le salut par les juifs*.
Jean Boyer – *Les pires ennemis de nos peuples*.
Flavien Brenier – *Les juifs et le Talmud*.

Alexis Carrel – *L'homme cet inconnu*.
William Guy Carr – *Des pions sur l'échiquier*.
Lucien Cavro-Demars – *La honte sioniste*.
Pierre-Antoine Cousteau – *L'Amérique juive*.
   "   "   " – *Après le déluge*.
Louis-Ferdinand Céline – *Voyage au bout de la nuit*.
   "   "   " – *Mort à crédit*.
   "   "   " – *Mea Culpa*.
   "   "   " – *L'école des cadavres*.
   "   "   " – *Les beaux draps*.
   "   "   " – *Bagatelles pour un massacre*.
   "   "   " – *D'un château l'autre*.
   "   "   " – *Nord*.
   "   "   " – *Rigodon*.
André Chaumet – *Juifs et américains rois de l'Afrique du nord*.

Savitri Devi – *La Foudre et le Soleil*.

http://www.vivaeuropa.info/lca/category/livres/

Louis Dasté – *Les sociétés secrètes et les juifs.*
   "   " – *Les sociétés secrètes, leurs crimes.*
   "   " – *Marie-Antoinette et le complot maçonnique.*
Léon Daudet – *Deux idoles sanguinaires.*

Frederico de ECHEVERRIA – *L'Espagne en flammes.*

Henri FAUGERAS – *Les juifs peuple de proie.*
Eugène Fayolle – *Est-ce que je deviens antisémite ?*
   "   "   " – *Le juif cet inconnu.*

Urbain GOHIER – *Le complot de l'Orléanisme et de la franc-maçonnerie.*
Hermann Göring – *L'Allemagne renaît.*
Joseph Goebbels – *Combat pour Berlin.*
Georges Grandjean – *La destruction de Jérusalem.*

Jean HAUPT – *Le procès de la démocratie.*
Philippe Henriot – *Le 6 Février.*
   "   "   " – *« Ici, Radio-France. »*
Adolf HITLER – *Principes d'action.*

LES JUIFS EN FRANCE – *Intégral.*
Les juifs en France – George Montandon – *Comment reconnaître le juif ?*
   "   "   " – Fernand Querrioux – *La médecine et les juifs.*
   "   "   " – Lucien Pemjean – *La presse et les juifs.*
   "   "   " – Lucien Rebatet – *Les tribus du cinéma et du théâtre.*

Roger LAMBELIN – *« Protocols » des sages de Sion.*
Ernest Larisse – *Jean Lombard & la face cachée de l'histoire moderne.*
Jean Lombard – *La face cachée de l'histoire moderne* – tome I.
Charles Lucieto (Teddy Legrand) – *Les sept têtes du dragon vert.*
Georges de La Fouchardière – *Histoire d'un petit juif.*
Joseph Landowsky – *Symphonie en rouge majeur.*
Henri Louatron – *A la messe noire ou le luciférisme existe.*

Wilhelm MARR – *La victoire du judaïsme sur le germanisme.*
Serge Monast – *Le gouvernement mondial de l'antéchrist.*
Benito Mussolini – *La doctrine du fascisme.*

CLAUDE NANCY – *Les races humaines; tome I & II.*
Serguei Nilus – *Les protocoles des sages de Sion.*

Goré O'THOUMA – *L'esprit juif*

HTTP://WWW.VIVAEUROPA.INFO/LCA/CATEGORY/LIVRES/

Ferdynand Ossendowski – *Bêtes, Hommes et Dieux.*

William Luther PIERCE – *Chasseur.*
William Luther Pierce – *Les carnets de Turner.*
Léon de Poncins – *Les documents Morgenthau.*
Léon de Poncins – *Israël destructeur d'empires.*
Carlos Whitlock Porter – *Non coupable au procès de Nuremberg.*
Ezra Pound – *Le travail et l'usure.*
A. Puig – *La race de vipères et le rameau d'olivier.*

Douglas Reed – *La controverse de Sion.*
Joachim von Ribbentrop – *La lutte de l'Europe pour sa liberté.*
Vladimir Michaïlovitch Roudnieff – *La vérité sur la famille impériale russe et les influences occultes.*
Auguste Rohling – *Le juif-talmudiste.*
Alfred Rosenberg – *L'heure décisive de la lutte entre l'Europe et le bolchevisme.*
Alfred Rosenberg – *Le mythe du XXe siècle.*

Alexandre Saint-Yves D'ALVEYDRE – *La France vraie;* tome I & II.
    "   "   – *La mission des juifs* ; tome I & II.
    "   "   – *La mission des souverains.*
Bernhard Schaub – *L'action européenne.*
Jules Séverin – *Le monopole universitaire.*

Frederik To Gaste – *La vérité sur les meurtres rituels juifs.*
François Trocase – *L'Autriche juive.*
Jérôme et Jean Tharaud – *L'an prochain à Jérusalem.*

Herman de VRIES DE HEEKELINGEN – *Les protocoles des sages de Sion constituent-ils un faux ?*
    "   "   "   – *L'orgueil juif.*
Marie-Léon Vial – *Le juif sectaire ou la tolérance talmudique.*
    "   "   – *Le juif roi.*
Stanislas Volskiï – *La Russie bolchevique.*

Kalixt de WOLSKI – *La Pologne.*
    "   "   "   – *La Russie juive.*

YVRI – *Le sionisme et la juiverie internationale.*

Hanna ZAKARIAS – *L'Islam et la critique historique.*
    "   "   " – *Voici le vrai Mohammed et le faux coran.*

HTTP://WWW.VIVAEUROPA.INFO/LCA/CATEGORY/LIVRES/

Pour plus de documentation :

www.the-savoisien.com
www.pdfarchive.info
www.vivaeuropa.info
www.freepdf.info
www.aryanalibris.com
www.aldebaranvideo.tv
www.histoireebook.com
www.balderexlibris.com

www.ingramcontent.com/pod-product-compliance
Lightning Source LLC
LaVergne TN
LVHW091935070526
838200LV00068B/1267